AF291660

Neues aus Schweiningen 1

Sieben Schweinachtswünsche an mein Zweibein

im Auftrag der
Ostseeschweinebande
aufgezeichnet von

Linda Maria Koldau

tredition

Inhaltsverzeichnis

1. Wunsch: Lass mich nicht allein!   7

2. Wunsch: Gib uns ein großes Gehege!   10

3. Wunsch: Futter bitte!   12

4. Wunsch: Wirf niemals wieder Paprikakerne weg!   15

5. Wunsch: Pass gut auf uns auf!   18

6. Wunsch: Pass gut auf unsere Köttel auf!   21

7. Wunsch:
   Tu mich nicht unter den Weihnachtsbaum!   25

Anhang:
Wer ist eigentlich die Ostseeschweinebande?   29

1. Wunsch: Lass mich nicht allein!

Bitte, bitte, bitte: Ich brauche UNBEDINGT ein Partner-
schweinchen oder noch lieber eine ganze Gruppe! Das ist
bei uns Meerschweinchen nämlich so: Uns gibt's nur zu
zweit. Oder zu dritt. Oder zu sechst. Also mindestens im
Doppelpack. Oder gerne auch als Sixpack (aber dann
müssen das schon echt nette Schweine sein!). Wie auch
immer: Hauptsache, kein Einzelschwein.

Wir brauchen nämlich andere Schweine. Wozu? Na, zum
Beispiel zum Rumwuseln, Plattliegen, Futterbetteln,
Futterwegschnappen, Fangenspielen, Gemütlichkötteln –
und so weiter. Was Schwein eben so den lieben langen Tag
tut. Allein macht das gar keinen Spaß – so ein Allein-
schwein wird dann im Nu ein Einsamschwein. Und
Einsamschweine, das sind ganz arme Schweine.

Nichtmeerschweinigen Ersatz für Schweinegesellschaft
gibt es nicht. So nett ihr Zweibeiners auch sein könnt –
ein Ersatz für ein nettes Schwein seid ihr ganz bestimmt
nicht! – Warum?

Könnt ihr etwa Futterquieken? Legt ihr euch zu uns
Gehege? Macht ihr schöne Köttel? Quiekt ihr auf Meerschweinisch? Nö?? Seht ihr – genau deswegen.

Und selbst wenn wir Schweinchen es manchmal ganz nett finden, auf eurem Arm herumzuliegen, gnädig Erbsenflocken entgegenzunehmen und euch den Pullover vollzupischern – das ist kein Ersatz für ein nettes Schwein.

Und bitte auch kein Kaninchen! Was soll Schwein denn mit so was anfangen? Kaninchen quieken nicht. Und sie sind viel zu groß und zu stark, da hat unserschweins keine Chance. Und dann wollen sie dauernd an einem herumlecken und nibbeln und kuscheln, das ist ja so was von unmeerschweinisch. Nee, es muss schon Schwein sein.

Also, Wunsch Nr. 1: Gib mir Schweinegesellschaft!

2. Wunsch: Gib uns ein großes Gehege!

Hat dich schon mal jemand in ein Zimmer von 120 auf 60 cm gepfercht? Nein? Na, dann probier das mal aus. Stell dich mal in den Küchenschrank und guck, wie es sich darin lebt. Unserschweins geht's (fast) genauso, wenn wir zu zweit oder gar zu dritt in so einem Minikäfig hocken. Da passt dann grad mal ein Häuschen rein, vielleicht noch eine Hängematte – das war's dann. Kein Auslauf. Keine Rennstrecke. Kaum ist man zwei Schritte gelaufen, da donnert man mit dem Schnäuzchen schon an die Wand. Und Rennen geht nur im Kreis – da wird einem ja ganz dölmerig von!

Nein, wir Schweine sind zwar klein, aber das heißt noch lange nicht, dass wir träge und faul sind. Gemütlich trifft es schon eher – schließlich braucht man nach all der Futterei auch seinen Schönheitsschlaf. Nur kann aus einem Gemütlichschwein eben auch in Nullkommanix ein Rennschwein werden. Und das braucht seine Rennstrecke.

Setz mich mal in ein großes Gartengehege mit hohem Gras und Möhren und Löwenzahn und vielen Häuschen und Tunneln und Kuschelnnestern – dann wirst du schon sehen, was passiert!
Vor allem Jungschweine flippen da total aus.

Also, Wunsch Nr. 2: Bitte sperr uns nicht in einen kleinen Käfig!

3. Wunsch: Futter bitte!

Wir Schweine haben ein echtes Problem: Wir brauchen gaaaaaanz viel Futter. Das gehört zum Schweinsein einfach dazu. Ihr Zweibeiners glaubt, dass wir einfach verfressene kleine Schlummerrollen sind (Schwein müsste man sein, nicht wahr?).
Aber so dolle mit dem Dauernd-Futtern ist das auch nicht: Das kann nämlich echt anstrengend sein. Zweibeiners kriegen nur dreimal am Tag Futter, und dazwischen können sie andere spannende Zweibeinerdinge tun oder schlafen. Unserschweins muss dagegen dauernd dafür sorgen, dass da Nachschub in den Schweinebauch kommt. Sonst kriegen wir Bauchweh. Und zwar so schlimm, dass wir davon sterben können!

Davor hat jedes Meerschweinchen Angst. Also futtern wir.
Da ist dann nix mit eben mal eine Nacht lang schlafen:
Wir wachen immer wieder auf und müssen sogar im
Dunkeln ein bisschen rumwuseln. Zumindest bis zur
Heuraufe. Und dann wieder ins Häuschen. Oder in die
Kuschelecke. Toll wäre natürlich, wenn da auch Heu
rumliegt, dann muss man nachts nicht extra aufstehen.
   Und wenn man die ganze Nacht an Heu rumgeknabbert
hat, dann gibt es morgens nur eins: Futter bitte!!!
Aber RICHTIGES Futter!

Also Gurke und Paprika und Möhre und Tomate und
Fenchel und Salat und überhaupt. Und Gras! Gerne mit
Löwenzahn. Da muss schon ein richtiges Frühstück her.
Und ein bisschen später ein zweites Frühstück. Und dann
eine Zwischenmahlzeit. Und dann Mittagessen. Und dann

ein zweites Mittagessen. Und dann Kaffee und Kuchen (auf Meerschweinisch: Gurke und Paprika). Und dann eine Zwischenmahlzeit. Und ein erstes Abendessen. Und ein zweites Abendessen. Und ein Betthupferl. Ihr dürft auch gerne in der Nacht aufstehen und noch ein bisschen Gemüse für uns schneiden...

Also, Wunsch Nr. 3: Gaaaaanz viel Futter bitte!

4. Wunsch:
Wirf niemals wieder Paprikakerne weg!

Apropos Paprika: Bitte wirf bloß nicht den leckeren Strunk mit den superleckeren Paprikakernen weg!!! Das ist nämlich die allergrößte Delikatesse, die Schwein sich denken kann!

Also all das nette weiche helle Innere von der Paprika – und dann der Höhepunkt: die Kerne!!! Ein Normalschwein mampft erst mal den Strunk mit den Kernen – das nehmen

die sogar aus der Zweinbeinerhand. Wahre Genießer
saugen dann mit dem Schnäuzchen die 284 Kerne auf, die
beim Futtern runtergekullert sind. Und dann – oh, welch
Schweingenuss! – nehmen sie gnädigst noch die letzten
Kerne vom Finger ihres Zweibeiners. Echte Schweinfeinschmecker entwickeln dabei eine hochsensible Paprika-
kerntechnik und nibbeln den Kern ganz sanft mit den
Lippen von der Fingerspitze.

Kleine Gierschweine knabbern schon mal den Finger
mit an. Und große Gierschweine beißen richtig rein –
Hauptsache, sie kommen schnell an den Kern. Aber auch
aus Gierschweinen können sanfte Schweinfeinschmecker
werden. Am besten einfach ganz oft mit Paprikakernen
üben.

Aaaaber: Wir Schweine würden zwar am liebsten auch
den grünen Stängel mit reinfuttern. Nur ist der angeblich
nicht gut für uns. Den musst du uns also entreißen, auch

wenn wir ihn noch so gerne anknabbern. Aber das Weiche
und die Kerne, davon können wir gar nicht genug kriegen.

Also, Wunsch Nr. 4:
Paprikastrunk mit Kernen – gaaaanz viel, bitte!

PS: Fast hätt ich's vergessen: Und die Paprika selbst sollte
natürlich in unserem Futternapf und nicht in der Zwei-
beiner-Salatschüssel landen!!!

5. Wunsch: Pass gut auf uns auf!

Weil wir Schweine dauernd Hunger haben, betteln wir dauernd. Und stürzen uns aufs Futter, wenn's denn endlich kommt.

Und da musst du Zweibein ganz doll aufpassen: Wenn ein Schwein nämlich nicht bettelt und vor allem, wenn's nicht zum Futter kommt, dann ist da was oberfaul. Da musst du wirklich hinterher sein. Bitte guck gleich mal

nach, wenn Philip oder Clara, Matteo oder Lukas, Raphael oder Tabea, Mario oder Sophia nicht mit ihren Schnäuzchen vorne stehen und selbst dann nicht angedölmert kommen, wenn die anderen Schweine alle schon futtern. Dann ist da nämlich Gefahr im Verzug!

Manche Schweine werden mit den Jahren gemütlich und verschlafen auch schon mal eine Fütterung. Guck mal nach: Wenn alles gut geht, liegt das fehlende Schwein in irgendeinem Häuschen und schläft.

Dann musst du die Futterprobe machen: Gemüsestück oder Gras vors Schnäuzchen legen, und wenn das Schwein aufwacht, schnuppert und zubeißt, ist alles gut. Wenn es sich aber nicht rührt oder sich sogar wegdreht, dann ist es höchste Eisenbahn – ab zum Tierarzt!

Und zuallererst gleich mal Päppelbrei ins Schwein – denn du weißt ja nicht, wie lange das Schwein schon nix mehr gefuttert hat. Bei uns Schweinchen bleibt dann die Verdauung irgendwann stehen, und das ist so was von gefährlich, dass jedes Schwein Angst davor hat. Und richtig schlimm weh tut's auch.

Übrigens: Wenn ein Schweinchen öfters mal verschläft, pass bitte extra auf – wir Schweinchen sind nämlich ein bisschen diskret und verstecken unser Kranksein. Da kann es sein, dass wir schon krank sind, wenn es noch so aussieht, dass wir nur zu gemütlich sind, um zur Fütterung zu kommen. Darum: Lieber einmal zu viel den Tierarzt um Rat fragen als einmal zu wenig...

Also, Wunsch Nr. 5: Pass gut auf uns auf – kommen wir auch alle zur Fütterung?

6. Wunsch:
Pass gut auf unsere Köttel auf!

Schweineköttel sind so was von toll – ein echtes ästhetisches Erlebnis! Länglich-formvollendet, glänzend braun, fest und abgerundet, was gibt es Schöneres im Schweinestall?

Und für euch Zweibeiners sind sie noch besonders angenehm, denn für eure Zweibeinnasen riechen sie nach nix. Das muss uns erst mal jemand nachmachen!

(Übrigens schmecken sie auch sehr lecker, aber ich hab schon mitgekriegt, dass Zweibeiners das nicht so ganz

nachvollziehen können. Selbst mein eigenes,, echt meer-
schweinchentaugliches Zweibein fand das nicht so dolle,
als plötzlich einer meiner besten Köttel in ihrem Milch-
kaffee schwamm... !!??)

Wenn's nach uns Schweinen ginge, dann würden wir
jedenfalls Riesenvorräte von schönen Kötteln in allen
Ecken des Geheges anlegen – aber leider kommt dann
irgendwann immer wieder irgendein Zweibein und klaut
sie alle weg. So was Dummes!

Was auch immer du mit unseren schönen Kötteln machst,
wenn du sie uns wegnimmst – pass gut auf sie auf. Nein,
du musst sie jetzt nicht unbedingt in ein Bankfach oder
auf ein Sparkonto legen. Es reicht schon, wenn du sie
genau anguckst und auch mal kurz mit deiner Zweibein-
nase drübergehst. Ein gesunder Köttel (also, ein Köttel

 22 

von einem Gesundschwein) ist absolut wunderschön, formvollendet-fest und riecht nach nix. Wenn der Köttel aber komisch aussieht (eben nicht die perfekte Schweinebohnenform), matschig ist oder irgendwie riecht (meistens nicht sehr gut), dann ist mit dem Schwein was nicht in Ordnung. Dann darfst du auch mal indiskret sein und unseren Pöter genauer inspizieren. Kann sein, dass es da dann nicht so sauber aussieht wie bei einem Gesundschwein (und Gesundschweine sind so was von sauber, da kann sich jedes Zweibein eine Scheibe von abschneiden!). Wenn es um den Pöter herum also nicht richtig sauber ist und dazu die Köttel noch riechen, dann müssen alle Alarmlampen bei dir angehen!

Falls du so ein Mikro-Dings zuhause hast, mach den Riecheköttel platt und leg ihn drunter. Dann kannst du sehen, ob wir irgendwelche Mistviecher im Bauch haben,

zum Beispiel Kokzidien oder Nematoden oder Hefen oder
andere unangenehme Mitbewohner. Die machen uns
Bauchweh und riechige Matschköttel oder sogar Durchfall.
Und wenn's ganz viele sind, dann futtern wir nicht mehr.
Da musst du sofort was machen!

Oder uns gleich zum Tierarzt bringen und die Köttel
unter dem Mikro-Dings angucken lassen und dann raus-
finden, was wir brauchen, damit wir wieder richtig
schöne Köttel machen.

Mit den Rieche-Matsche-Kötteln ist es wie mit dem
Nicht-Futtern: Bitte mach ganz schnell, denn wir haben
meistens schon arg Bauchweh, wenn wir solche Köttel
machen, und wenn da nicht ganz fix was passiert, können
wir sogar sterben!

Also, Wunsch Nr. 6: Pass gut auf unsere Köttel auf!

7. Wunsch: Tu mich nicht unter den Weihnachtsbaum!

Meerschweine sind keine Geschenke. Oder wie fändest du es, wenn man dich schnappt, in buntes Papier packt und eine Schleife drumrum macht? Und dann kommst du zu ein paar Kleinzweibeinern, die dich zwar total süß finden (sind wir auch!), aber nicht wirklich wissen, was unserschweins braucht und will?

Und dann wirst du rumgetragen und zwangsgekuschelt, und wenn du Pech hast, sitzt du in deinen eigenen Kötteln, weil das Kleinzweibein sich eben mal mit seinen Freunden verabredet hat und darüber den Schweineputz vergisst.

Nee, und wenn dein Kleinzweibein auch noch so bettelt: Schweinchen gehören weder unter Weihnachtsbäume noch auf Geburtstagstorten.

Da gibt's nur eine einzige Ausnahme: Wenn die Großzweibeiners auch unbedingt Meerschweinchen wollen.

Warum ist das so? Weil ein Kleinzweibein alleine eben niemals ganz und gar den nötigen Meerschweinchen-service erfüllen kann. Von einem Minischwein erwartet man doch auch nicht, dass es sich jahrelang um einen Regenwurm oder eine Schnecke kümmert, nur weil es die mal kurz interessant gefunden hat. Bei vielen Kleinzwei-beinern ist das ganz ähnlich – ob Minischwein oder Kleinzweibein, diese kleinen Wusels brauchen ein großes Schwein (oder Zweibein) an ihrer Seite, um sich richtig um Meerschweinchen oder Regenwürmer oder Schnecken kümmern zu können.

Wenn aber die Großzweibeiners auch total wild auf
Meerschweinchen sind und vorher ganz viel Meerschwein-
Hausaufgaben machen und ein tolles Gehege vorbereiten
und dann ganz bestimmt auch jeden Tag die Zeit haben,
um für uns da zu sein, und wenn sie ihren Kleinzwei-
beinern beibringen, wie man uns füttert und dass man uns
nicht zwangskuschelt und wie man Pischereinstreu weg-
macht und frische Einstreu hintut – DANN dürfen Meerschweinchen ausnahmsweise auch mal eine Geschenk-
schleife um den Bauch kriegen.

Kurz: Meerschweinchen sind eine Familiensache, und
da müssen die Großzweibeiners echt mitmachen!

Nur mal ein Beispiel: Ein Kumpel von mir, der war so ein
Geschenkschwein, als er noch ganz klein war. Da hat er
zusammen mit seinen Brüdern bei einem Kleinzweibein
gewohnt. Das mochte ihn und seine Brüder zwar ganz
gern, aber das mit dem Füttern und vor allem das mit
dem Putzen, das fand dieses Kleinzweibein nicht so gut –
und darum bekam mein Kumpel viel zu wenig zu futtern.

Im Kleinzweibeinzimmer roch es bald so schlimm, dass die Freunde von dem Kleinzweibein gar nicht mehr zu Besuch kommen wollten. Stellt Euch das mal vor, so schlimm war das! Wie es meinem Kumpel und seinen Brüdern damit gegangen ist, das könnt ihr euch denken.

Zum Glück hatte die Mutter irgendwann die Nase voll von den Meerschweinchen, und dann kamen die drei in eine Notstation. Von da aus ist mein Kumpel zu uns gekommen und hat sich zu einem dicken Glücklichschwein herausgemacht. Erst mal hat er mit uns in der Jungsgruppe rumgetobt, und schließlich hat er sein eigenes Weibchen bekommen. Die ist so was von einer Schweinewucht, da bin ich fast neidisch! Aber er hat es echt verdient, denn ein glückliches Kleinschwein ist er in dem Kleinzweibeinzimmer wirklich nicht gewesen.

Also: Tut uns nicht unter den Weihnachtsbaum oder auf Geburtstagstorten – Meerschweinchen sind nur was für Kleinzweibeiner, wenn die Großzweibeiners mitziehen!

Anhang: Wer ist eigentlich die Ostseeschweinebande?

Die Ostseeschweinebande, das sind wir. Damit ist eigentlich das Notwendige gesagt. Aber natürlich mal wieder nicht aus Sicht von euch Zweibeinern – ihr wollt's ja immer ganz genau wissen!

Also: Die Ostseeschweinebande, das sind ganz viele Meerschweinchen – eben wir. Und wir wohnen an der Ostsee. Darum heißen wir auch so. Aber das mit der Ostsee ist uns eigentlich ziemlich egal: Immer, wenn unser Zweibein mal eins von uns hochhält und sagt, „Schau mal, du Meerschwein, da ist das Meer!", dann guckt das Schwein das Zweibein an und sagt, „Aha – und wo ist das Futter??" Trotzdem besteht das Zweibein drauf, dass wir die Ostseeschweinebande sind und nicht etwa die Futterschweinebande. Was soll's, wenn das Zweibein Freude dran hat...

Das eigentlich Wichtige ist die Frage, WER wir sind. Außer, dass wir Meerschweinchen sind, natürlich. Und da kommt dann der echte Schweinecharakter zum Vorschein: Ein Meerschweinchen ist nämlich nicht einfach „ein Meerschweinchen". Sondern eine unverwechselbare, absolut einmalige, oberindividuelle und natürlich total süße Schweinepersönlichkeit! Egal, wie's draußen rum aussieht (also rosettig oder glatthaarig oder wie ein explodiertes Sofakissen, oder weiß, weiß-schwarz, weiß-

 29 

schwarz-rot, braun, hellbraun, dunkelbraun, grau, beige –
und was es sonst noch alles so an Schweinefarben gibt),
also: egal, wie's draußen rum aussieht, innen drin steckt
immer eine ganz und gar einzigartige Schweinepersönlichkeit. Und genau darum ist es auch gar nicht so einfach zu
sagen, wer „wir" sind – wir sind eben zwei Dutzend
Schweinepersönlichkeiten, über die ihr Zweibeiner glatt
zwei Dutzend Bücher schreiben könntet!

Aus Schweinesicht wäre das aber sowas von langweilig
– wenn ihr eine Schweinepersönlichkeit kennen lernen
wollt, dann lest keine Bücher, sondern schafft euch
Meerschweinchen an! Dann wisst ihr ganz schnell, was für
Charakterschweinchen wir sind.

Und damit das hier nicht langweilig wird, kleben wir
einfach ein paar Bilder ins Buch. Ihr Zweibeiner sagt ja
selbst, dass Bilder mehr (oder meer?) als tausend Worte
sagen. Und keine Angst: Wir tun nicht alle Ostsee-
schweinebandenschweine ins Buch –nur ein paar. Wer den
Rest von uns kennen lernen will, muss eben mal zu Besuch
kommen. Aber ja nicht die große Tasche mit dem Gemüse
vergessen!!!

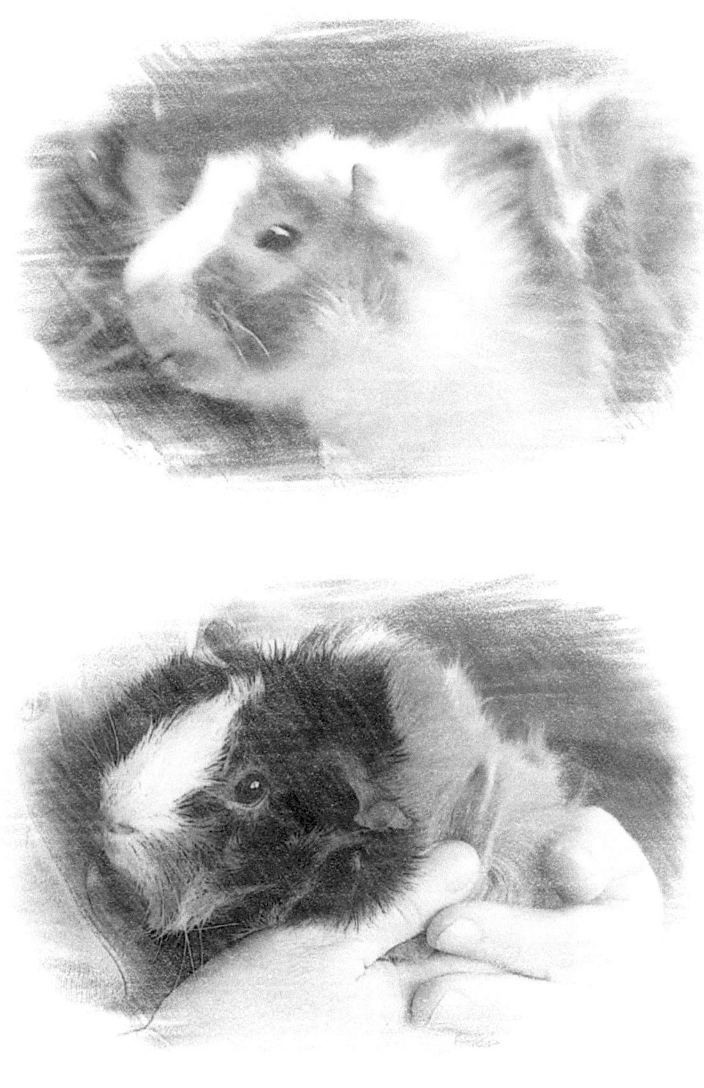

 33

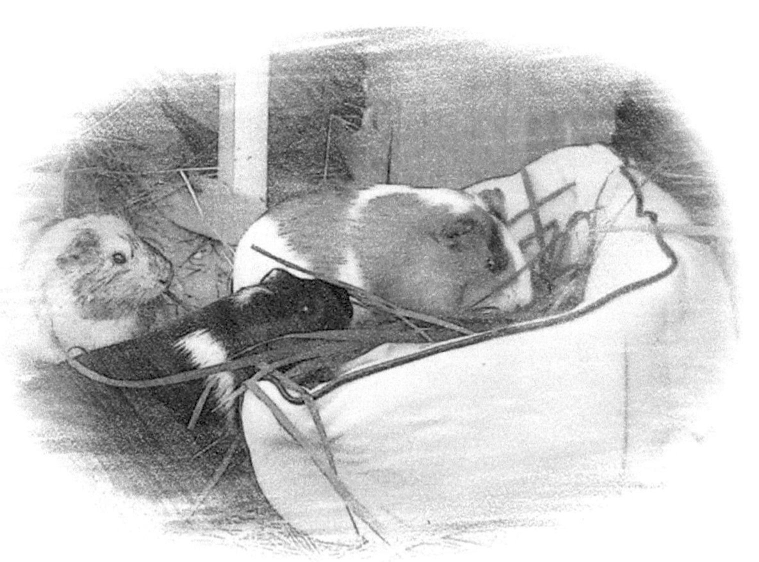

 38

40

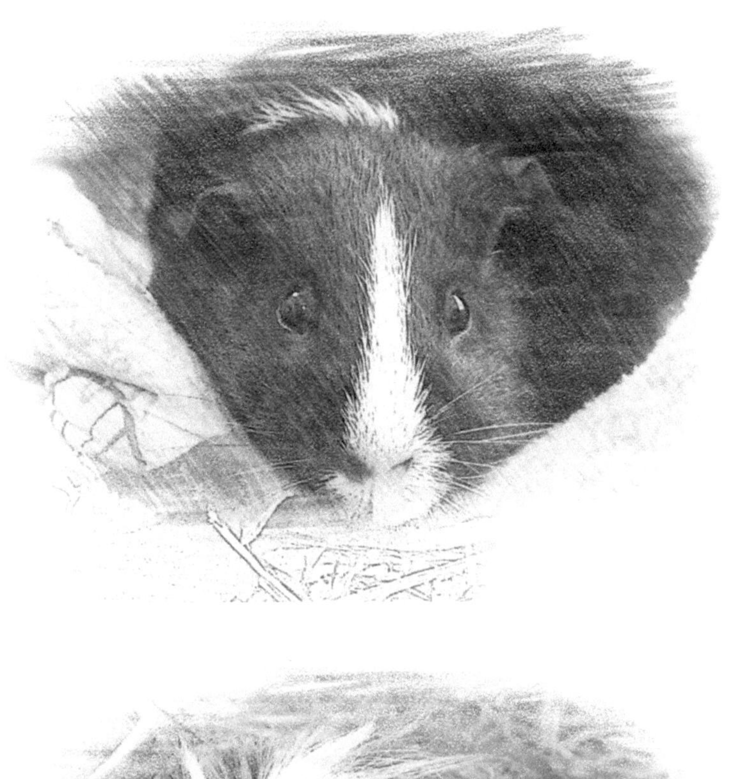

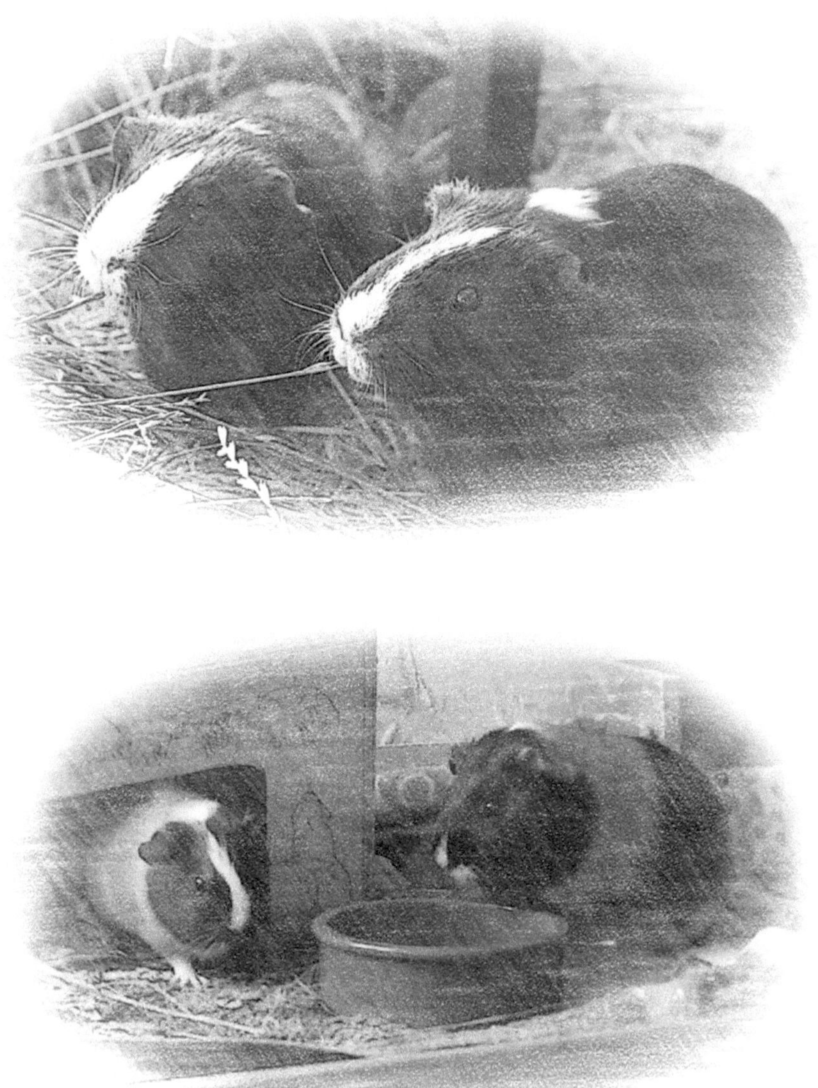

 43

Lust auf noch mehr Schweinereien?

Linda Maria Koldau

Das beste Meerschweinchen der Welt

mit Bildern von Hannah Hugger

Hamburg: tredition, 2019
ISBN-13: 978-3749767199
100 Seiten

„Wir sind das beste Meer-
schweinchen der Welt",
verkündet Lukas stolz. Und
damit hat er recht: Denn
jedes Meerschweinchen ist
das beste Schwein der Welt.
Und hat eine ganz einmalige
unverwechselbare Schweinepersönlichkeit. Wie etwa die
gemütliche Emma, die
wuselige Wendy oder das süße Lea-Baby, mit denen Lukas
zusammenlebt. Und dazu wohnen die vier Meerschweinchen auch noch bei gut erzogenen Menschen, die genau
wissen, was Schwein will. Obwohl die Kinder der Familie
Sommerfeld mit ihren verrückten Ideen so manches Mal
das friedliche Schweineleben ordentlich durcheinander-
wirbeln...

Ein Buch für Meerschweinchenliebhaber und solche, die
es werden wollen – für Kinder und Erwachsene, die ihr
Leben gerne mit ihren vierbeinigen Mitbewohnern teilen.

In Vorbereitung:

Linda Maria Koldau

Lili und Bommel –
eine Meerschweinchen-Rettungsgeschichte

mit Bildern von Victoria Werner

Cavia Verlag, 2022
ISBN: 978-3-347-47039-2
ca. 90 Seiten

Lili liebt ihr Meerschweinchen Bommel über alles.
Eines Tages aber wird sie
vor eine schwere Wahl
gestellt: Entweder gibt sie
Bommel in ein Tierheim –
oder ihr Meerschweinchen
wird ausgesetzt. Wie kann
Lili ihren Bommel retten?
Und: Wird sie ihn je wiedersehen?

Eine wahre Rettungsgeschichte aus der Arbeit der
Meerschweinchenhilfe e.V.

Für Kinder ab 8 Jahren